Spuren im Sand

BRUNNEN

Eines Nachts hatte ich einen Traum.

Ich ging am Meer entlang
mit meinem Herrn.

Vor dem dunklen
Nachthimmel erstrahlten,

Streiflichtern gleich,

Bilder aus meinem Leben.

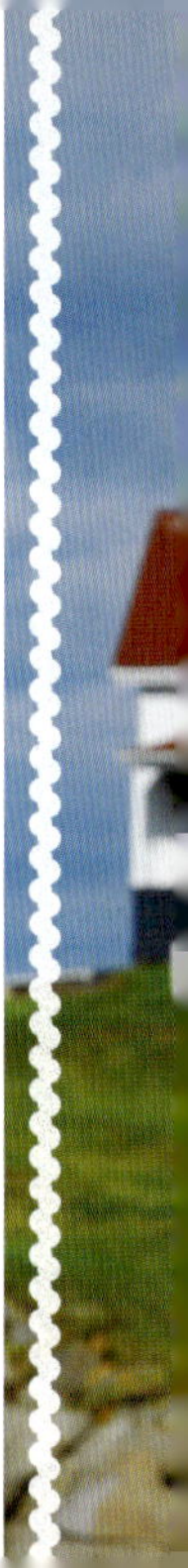

25¢

Und jedes Mal sah ich
zwei Fußspuren im Sand,
meine eigene
und die meines Herrn.

Als das letzte Bild

an meinen Augen
vorübergezogen war,
blickte ich zurück.

Ich erschrak,
als ich entdeckte,
dass an vielen Stellen
meines Lebensweges
nur eine Spur zu sehen war.

Und das waren gerade
die schwersten Zeiten
meines Lebens.

Besorgt fragte ich den Herrn:
„Herr, als ich anfing,
dir nachzufolgen,

da hast du mir versprochen,
auf allen Wegen bei mir zu sein.

Aber jetzt entdecke ich,
dass in den schwersten Zeiten
meines Lebens
nur eine Spur
im Sand zu sehen ist.

Warum hast du mich
allein gelassen,
als ich dich am meisten brauchte?“

Da antwortete er:

„Mein liebes Kind,
ich liebe dich
und werde dich nie
allein lassen,

erst recht nicht
in Nöten und Schwierigkeiten.

Dort, wo du nur eine Spur
gesehen hast,
da habe ich dich getragen."

Wie das Gedicht entstand

Es begann mit einem Heiratsantrag.
„Ich liebe dich“, sagte Paul Powers zu seiner Freundin Margaret Fishback, „und ich möchte, dass wir heiraten. So bald wie möglich!“
Aber Margaret hatte noch Bedenken. Zu viele Enttäuschungen hatte sie in letzter Zeit durchleben müssen.
Während eines langen Strandspaziergangs versuchten die beiden, ihre Gefühle zu klären.
Schließlich blickten sie zurück auf die Spuren, die ihre Füße i feuchten Sand hinterlassen hatten.

An vielen Stellen war nur noch *eine* Spur zu sehen, weil die heranrollenden Wellen den Sand weggespült hatten.
„Siehst du?", versicherte Paul eifrig, „wenn wir heiraten, werden wir beide eins werden. Wie ich mich darauf freue, mit dir gemeinsam durchs Leben zu gehen!"
Margaret war immer noch unsicher.
„Und wenn es Schwierigkeiten gibt? Wenn unsere Träume weggewischt werden – so wie diese Spuren im Sand?"
„Dann wird Gott uns tragen."

In der folgenden Nacht konnte Margaret einfach keinen Schlaf finden.
Der Spaziergang vom Nachmittag und Pauls Worte gingen ihr nicht aus dem Sinn. Immer wenn sie die Augen schloss, sah sie die Spuren am Strand vor sich.
Da tastete sie im Dunkeln nach Notizbuch, Kugelschreiber und Taschenlampe – und begann zu schreiben.

Blitzartig tauchten vor ihrem inneren Auge Bilder aus der Vergangenheit auf.
„Gott hat mich immer auf meinem Lebensweg begleitet“, das wurde Margaret im Rückblick klar. „Und er hat mich nicht nur begleitet, nein, in schweren Zeiten hat er mich sogar getragen.“
Am nächsten Morgen las Margaret sich das Gedicht, das sie in der Nacht aufgeschrieben hatte, noch einmal durch: „Eines Nachts hatte ich einen Traum: Ich ging am Meer entlang mit meinem Herrn ...“
Jetzt wusste sie ganz genau, dass Gott sie niemals verlassen würde. Gott ist Liebe, wurde ihr klar, und deshalb konnte sie auch selbst lieben. Und nun wusste sie auch, welche Antwort sie Paul geben würde.

Impressum:
 Übersetzt und herausgegeben vom
Brunnen Verlag Basel und Gießen

Übersetzt von Eva-Maria Busch

5. Auflage 2017

Gottlieb-Daimler-Str. 22, 35398 Gießen
www.brunnen-verlag.de
Redaktion: Irmtraut Fröse-Schreer
Gestaltung und Satz: Sabine Schweda
Fotos: Shutterstock, iStockphoto, Fotolia
Druck: Leo Papers
ISBN 978-3-7655-1165-3